AF365292

El cajón de Dante

La historia detrás de las cosas

CLAUDIA FRANCO BERNÁLDEZ

A mis hermanos cuando eran niños
(y también ahora que son grandes):
Manuel, Fermín, María Teresa, René, José
Guillermo, Arturo Manuel, Yadira, Ángel
Octavio y Edilia del Carmen.

Para tu infancia, la mía y la de Dante.

El cajón de Dante

Primera edición: mayo, 2024

D.R. del texto © 2024, Claudia Franco Bernáldez
D.R. de las ilustraciones © 2024, Juan Manuel Hernández González (Meño)

D.R. © 2024, derechos de edición en español y otros idiomas:
Ordinal, S.A. de C.V.
Avenida de la Primavera 1874, Parques Vallarta, Zapopan,
Jalisco, México.

www.ordinalbooks.com

D.R. © Ordinal, S.A. de C.V.

Queda prohibida la reproducción total o parcial de esta obra por cualquier medio o procedimiento, sea éste electrónico, mecánico, por fotocopiado, por grabación, así como la distribución de ejemplares mediante alquiler o préstamo público sin autorización.

ISBN: 978-607-99550-4-5

contacto@ordinalbooks.com

Entonces, como un incendio olvidado,
una infancia siempre puede estallar
nuevamente dentro de nosotros.

GASTON BACHELARD

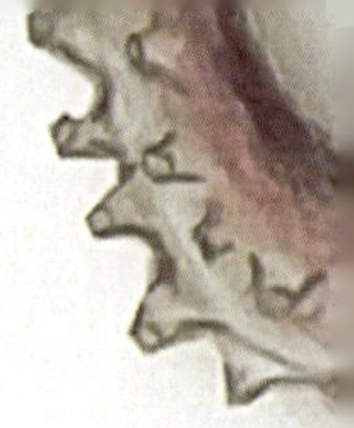

Un pulpo en el umbral

Tengo nueve años y muchas preguntas.
Los mayores me dicen que «un día
entenderé». Mientras ese día llega, yo
pregunto. Mamá lleva un cuaderno y
ahí anota mis dudas. Corro a su lado y
le pido que hablemos de los sueños, la
muerte, los ladrones, las matemáticas —
que tampoco entiendo—, de Dios y del
tiempo. Me explica. Me confundo; pero
«ya entenderé».

Hay un mundo que conozco: el mío,
y uno que aún no: el de los grandes.
Por eso yo pregunto. Para entender
su mundo. En el mío, por ejemplo, no
existe el tiempo y todo lo imposible, es
posible. Tengo amigos que me regala
el mar, mi buró está lleno de cosas que
no son cosas y a veces tengo dudas y

miedo, pero para eso están el balcón y la ventana.

Pregunto por la oscuridad y por la luna; una vez estaba rosa; corrí a preguntarle a mamá qué podría estarle pasando, porque se veía gigante y rosada. Me dijo que estaba enamorada. Nunca supe de quién. Yo sólo me quedé pensando y mi cara se puso del mismo color que la luna.

A veces quisiera meter el mundo de los grandes en el mío, pero no cabe. En mi mundo soy libre, ¿y en el de los mayores? No sé.

Muy pronto me crecerán los brazos, la cabeza y las piernas. Se irán mis juegos y mis cosas. Llegaré al mundo de los grandes. ¿Qué voy a hacer ahí?, le pregunto a mi pulpo que es muy sabio.

Dante tomó su pulpo de peluche con tacones y lo miró a los ojos.

—¿Y si nos vamos juntos? —dijo el pulpo—. Llévame en tu mochila y estaré en silencio. Si acaso te confundes, con los "debes" y los "tienes", busca en mis ojos. Podrás encontrarte de nuevo en mi mirada.

El buró de los sueños

Dante sueña entre pequeñas cosas.
En su habitación, bajo su almohada,
esconde extraños objetos. Para Dante
no son únicamente cosas, son recuerdos,
los guarda celosamente, después los
convierte en sueños.

Entonces, Dante no sólo sueña entre
pequeñas cosas, sino entre recuerdos.
En su habitación no cabe uno más, pero
en su cabeza, *todos*, cuando le dan las
nueve y debe cerrar los ojos.

Dante tiene su cuarto lleno de cosas
(y recuerdos). Guarda la historia de un

pequeño madero que le arrojó el mar mientras la espuma lo arrastraba hasta la arena. Tiene dos piedras con las que tropezó una tarde inolvidable de lluvia, cuando caminábamos por un bosque hundido donde paramos a escondernos de un diluvio con el que estábamos en deuda.

Atesora un caracol fantasma y un pescado.

—¿Qué hace un pescado en la habitación de Dante?

Lo mismo le pregunté. Así que tuvo que despedirse de su amigo del mar que aún nos clavaba la mirada con un ojo bizco.

Dante guarda hojas en forma de corazón, vasos con tierra, varas mágicas que convierten cosas en otras cosas, tachuelas cabezonas, un pulpo en tacones, dos jirafas (madre e hija), un cuarzo rosa herido y una cabeza de dragón que echa fuego por la boca y si te descuidas, te arranca un dedo.

Tiene un buró y una cama. En la cama los sueños, en el buró las cosas.

Un día, despertó con la ocurrencia de decorar una pared de su habitación con dibujos de seres que viven en su mundo: un monstruo con una pata de tigre y otra de cangrejo, dinosaurios voladores, mariposas dormidas y marcianos que danzan.

—¿Qué es esa cosa, Dante? —le pregunté—. ¿Me llevas a tu mundo?

—Cierra los ojos, ma —dijo Dante. Tus recuerdos volverán a ser sueños.

El Dios de las cosas

—Mamá, ¿Dios también es una cosa?

—Dios es todas las cosas.

—¿Cómo? ¿Dios es mi madero, mi pulpo con tacones, mi pescado bizco, mi cuarzo rosa herido, mis piedras, mi mariposa dormida, mi vara mágica, mi dinosaurio asesino, mis jirafas, mi llavero?

—Sí. Todas esas cosas.

—¿Dios está en mis cosas?

—Si. Dios es todas esas cosas.

Pequeñas cosas

Un pulpo pretencioso con aires de sultán. Le duele un tentáculo. Dante lo mordió hace unos días.

Una paleta de caramelo macizo que chupa por etapas. Se la dio un mesero. Nunca tira la envoltura.

Una pulsera mágica de hilaza roja que lo hace valiente. Ésa fue la promesa del artesano que se la vendió en la playa por 25 pesos.

Un pescado bizco, boca-abierta, que aún le reclama toda el agua del mar. Toda.

Una mariposa dormida que viste como para ir de boda. La encontró en una rama de obelisco.

Dos piedras suavecitas. Le
gusta que mamá se las frote en las
plantas de los pies.

Un madero perdido que le arrojó
el mar. No sabe si vino del fondo o si
fue olvido de un perro sediento que
corría por la playa.

Un llavero sin llaves. Dante aún no
tiene nada qué asegurar. Es libre.

El pescado de ojos bizcos

Extraña mucho el mar, pero a las manos
de Dante llegó muerto. No hubo manera
de regresarlo ni a la vida, ni al agua.
Era un pez que, en las manos de Dante,
se convirtió en pescado y amigo. Se lo
quedó en la playa cuando un revolcón de
ola lo escupió clavándolo en la arena.

—Mamá, Dios me regala cosas.
¡Mira!

Dante nunca había visto un pescado
tan pequeño y menos en sus manos.
El amigo pescado le clavaba la vista
bizca. No supimos dónde guardarlo.
¿En la mano? Imposible. El olor a mar
se vendría con nosotros. ¿En mi bolsa?
Jamás. Terminaría convertido en ceviche.

—Busquemos un vasito —dijo

Dante.

—Con tapadera —dije yo—, porque
esto huele a rayos.

Lo metimos a un recipiente con
aires de ataúd, le pusimos arena y hojas
de alga para que no extrañara su origen.
Esa noche, bañado en sal, el pescado
bizco durmió en casa.

La pulsera mágica de hilaza roja

La pulsera mágica que hace a los niños valientes llegó tarde, Dante la compró en la playa por 25 pesos, y si aquel día hubiera estado atada a su muñeca este relato no existiría. Es la historia de un ladrón. Un ladrón de esos que caminan de puntitas, se esconden entre los árboles y viven confundidos. No sabe que es un ladrón, pero lo es. Se convierte en uno cuando roba.

—Mamá, esos malandrines infernales, ¿dónde están?

—Bueno, algunos andan por ahí sacando sustos y otros son encerrados en grandes y oscuros castillos de piedra para…

—¡Para que sean castigados! —dijo Dante—. ¡Y no los dejen salir nunca! ¡Toma! ¡Toma! ¡Como aquél que se llevó mis cosas!

—Eso no lo sabemos. Quizá ahí guardados en el castillo, en el encierro con ellos mismos, recuerdan que han olvidado.

—¿Sus cosas? —preguntó Dante.

—No.

—¿A los ladrones se les olvidan las cosas, mamá?

—Sí. Algunas.

—¿Cómo es que se les olvidan las cosas?

—Los ladrones tienen miedo, mucho miedo, por eso atacan, roban, mienten y claro, olvidan. Se han olvidado de algo muy importante.

—¿Qué han olvidado?

—Su grandeza. Han olvidado quiénes son. Cuando alguien lastima, ataca, ofende, pelea o vive en la miseria es porque se ha olvidado de sí mismo. Así que si vemos a un ladronzuelo por ahí escondido entre los árboles, con la mirada perdida por el miedo, debemos ayudarlo a que regrese a casa.

—¿Regresar a casa?

—Sí. Regresar a casa. Guiarlo con nuestra mirada hacia su esencia, sólo así podrá recordar quién es.

—¿Cómo podemos hacer que un ladrón recuerde quién es?

—Amándolo.

Ese día, Dante soñó que lo perseguía uno de esos malandrines que se esconden entre los árboles, caminan de puntitas y viven confundidos, pero algo había cambiado. Dante se dio cuenta, en pleno sueño, de que llevaba puesta su pulsera mágica de hilaza roja que hace a los niños valientes; entonces supo que estaría a salvo y apresuró sus pasos para *regresar a casa*.

Mientras corría recordó lo que hace una mirada y se la regaló al ladrón.

**La cometa con la que envío pre-
guntas al viento**

Mi mamá dice que soy el niño de las
cometas, de las naranjas, de los gatos y
de las estrellas. Yo no sé si hacerle caso.
Ni siquiera tengo muy claro qué es ser
yo. ¿Qué es eso que soy? No sé si es
bueno ser como soy. ¿Lo es?

Si soy el niño de las cometas, ¿por
qué no puedo volar junto a ellas y
elevarme al antojo del viento cuando
cae la tarde o vivir entre las ramas de
los árboles, donde queda mi papalote
cuando no puede subir más?

Si soy el de las naranjas, que sean
del árbol de mi abuelo; lo sembró una
tarde en el patio trasero de su casa y,
como buen árbol, le regala mil flores en
primavera. Cuando voy de visita ¡yo las

cuento! Para él son naranjas, para mí, son promesas que hace cada flor; sé que serán cumplidas cuando las coma en invierno en casa de mi abuelo.

¿Cómo llegué aquí o quién me trajo? ¿Lo sabrán las estrellas? No pude llegar solo. Tengo un par de huesos raros en mi espalda que me hacen pensar que tuve alas. ¿Y si las tuve? ¿Dónde están? ¿Me las robaron?

Mi mamá dice que soy el niño de la promesa infinita, y cuando lo hace, me abraza, me besa, me pellizca y me mira raro.

No soy, aunque quisiera, una jirafa, un elefante, un halcón, un hipopótamo.

¿Por qué crecen tan lento mis pies, tan rápido mis uñas y nada mis pestañas?

¿Por qué se me caen los dientes y dejan unos grandes hoyos por donde se escapa el aire?

En las noches me tengo que ir a dormir y mi cuerpo no quiere.

¿Y el viento? ¿Por qué me cierra los ojos?

¿Y el tiempo? ¡Ése me vuelve loco! ¿Qué es el tiempo y por qué me corretea? Y luego, llega el pasado y llega el futuro. No entiendo nada. A la pelota se juega en el presente

¿Por qué la gente un día está y luego ya no? Y si ya no está, ¿dónde quedan sus cosas? ¿Por qué cuando alguien muere, desaparece? Y si muere, ¿a dónde va?

Mamá dice que regresan, pero en forma de otra cosa…

Pero ¿y si no regresan?

¿O si vuelven pero no se acuerdan de sus cosas, ni de su nombre, ni de nada?

Mejor me duermo.

¿Por qué cuando cierro los ojos, sueño, y al abrirlos, quiero seguir soñando?

El Imaginario

Ese tal Imaginario no suele salir nada más por las noches, como fantasma. Aparece malicioso, con ojos fríos y boca grande; de brazos largos y espalda corta. Asoma su cabezota cuando quiere. Llega sin que lo llames.

Cuando Dante despierta, y no quiere dejar la cama, es porque el Imaginario está haciendo de las suyas. Y si Dante logra salir de entre las sábanas, pero no quiere lavarse los dientes, es porque el Imaginario ya le amarró un pie, pero si se lava los dientes, y no quiere recoger sus cosas, el Imaginario lo ha poseído. ¿Y si es la hora de comer calabazas tiernas y verdes? ¡Imposible! El Imaginario las escupe.

—Ya se me metió el Imaginario, ma.

Ese Imaginario tiene sus mañas y escondites. En un descuido, entra por tus orejas y mientras te dice cosas, viaja por tu sangre. Te obliga a mover los brazos, las piernas, a hablar con las manos. Te hará de todo. Te jalará la boca de un pellizco y harás muecas. Te cerrará los ojos para que olvides tu nombre y hasta quién eres. El Imaginario es muy hábil para mover tu lengua.

—Yo no quería decir eso, ma.

Ese Imaginario busca y encuentra niños; cuando los atrapa, les susurra cosas como: «Tú no puedes» «Eres malo» «Qué tonto eres» «Te quedó feo» «No tienes amigos» «Nadie te quiere», «No compartas» «Anda, pelea» «No se lo prestes» «A nadie le importas». Tiene muchas historias de terror que susurrarte, pero no importa que te las cuente, importa que tú las crees.

Si un día el Imaginario te hace rugir las tripas y echar humo por las orejas, shhhhh… olvida sus cuentos; si lo ignoras se escurrirá por la ventana.

El llavero

Un llavero sin llaves para un alma libre.
Dante aún no ha necesitado aferrarse   a
nada.

Los besos

Si mamá me besa, yo tiemblo, pero
tiemblo bonito. Es como si un río fuerte y
caudaloso corriera por mis venas, como
aquél, tan poderoso, por el que regresan
del mar los salmones. La fuerza del río
los encuentra de frente, pero ellos no
olvidan de dónde vienen y hacia dónde
van; así me pasa cuando mamá me besa.
Me siento en la carrera del salmón, frente
a un torrente caudaloso que me hace
dar mil brincos mientras me siento libre.
Vuelvo a mi origen con un beso que
tiene la fuerza de un río.   A mi origen
vuelvo, como los salmones.

Dos piedras suavecitas en la planta de mis pies

No sé qué sientan ellas cuando mamá las frota en estos pies descalzos. Sé lo que siento yo: cosquillas, escalofrío, amor y comezón. Cada que voy al mar le robo piedras. Redonditas y planas; yo junto de las dos. De colores hay rosa, lila, y también blancas; me gustan con puntitos, las hay hasta marrón.

La tarde está cayendo, ya vamos de regreso; mi bolsa va cargada y ya quiero llegar.

—¿Qué traes en tu morral? ¿Acaso piedras?

—Piedras, eso parecen; en casa, son caricias que le he robado al mar.

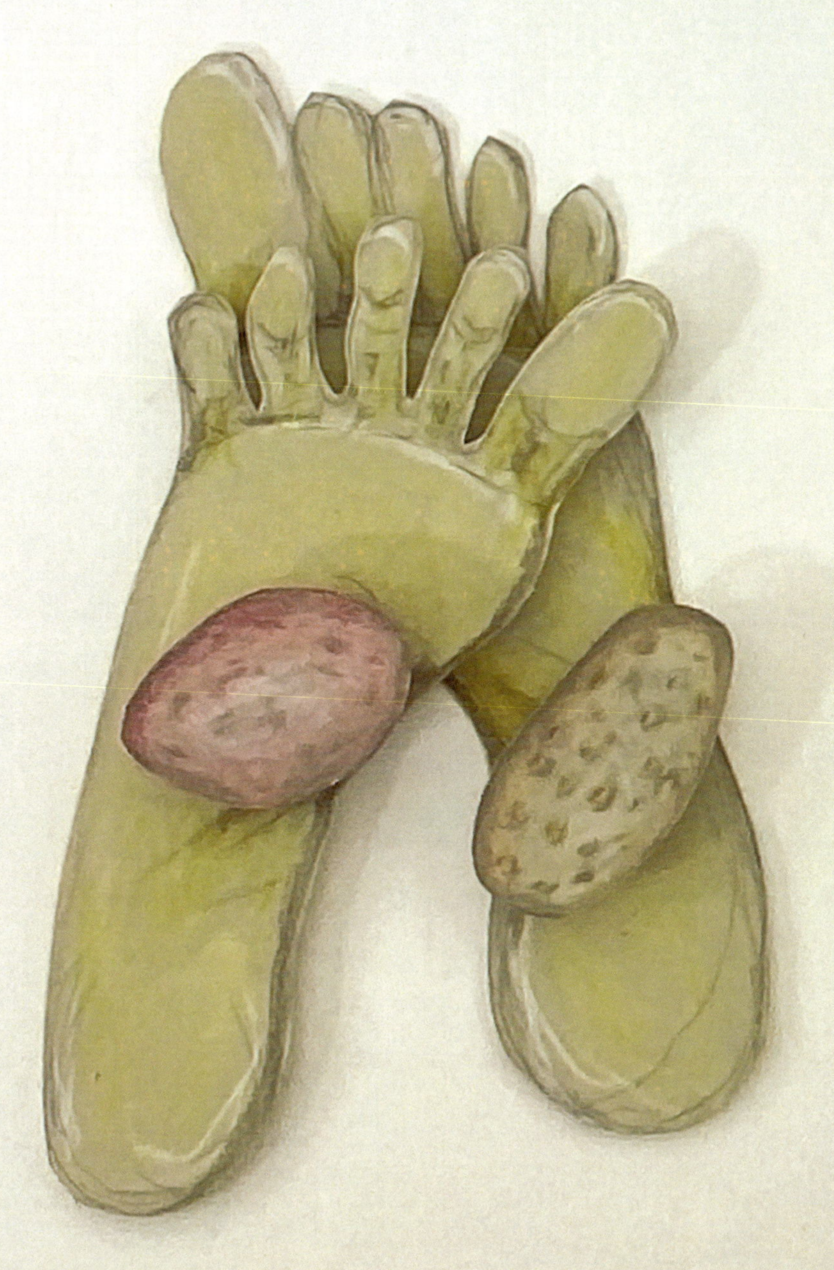

Dinosaurio

Hay un dinosaurio que duerme bajo mi cama, y ronca. Me despierta en la noche y no puedo dormir. Le jalo sus patotas, pero nada lo calla. Le hago cosquillitas y ríe sin parar. Le jalo un par de crestas, pero ¡sigue roncando!, le pico su panzota y eso lo hace roncar más.

Se me ha espantado el sueño, el dinosaurio ya no está.

Pasará

—¿Y el amor, mamá? ¿Dónde lo busco?

—En tu mirada, Dante.

—¿Y la verdad, mamá? ¿Dónde está?

—En el pulso de tu corazón.

—¿Y la belleza, mamá? ¿Cuándo aparece?

—Aparece en el silencio, cuando contemplas.

—¿Yo soy bueno, mamá?

—Lo eres.

—¿Y si algo me duele?

—Espera un poco, pasará.

Los *noes* y los *síes*

Dante estaba seguro de que sería su día favorito; ¿cómo no serlo? Lo esperaban sus amigos, sus cosas, el tiempo que no tiene prisa y una mochila llena de *síes*. ¿Imaginan una mochila llena de *síes*? ¿Qué haría Dante con un sí para casi todo?

—¿Puedo jugar con mi vara mágica, ma?

—Sí.

—¿Y comer más helado?

—Sí.

—¿Nos quedaremos hasta   muy tarde?

—Sí.

No
No
No
No
Si
Si
Si
Si
Si

¡Nada podía ser mejor! ¡Cargaba en su mochila un mundo lleno de *síes*! Hasta que, como suele ocurrir, aparecieron los diabólicos e infernales *noes*.

—¡Para qué existen los *noes*! —gritó Dante enojado.

—Para ver cómo te pones —le susurró al oído el Imaginario.

Entonces, llegó el primer *no* al juguete que tanto quería, luego el segundo *no*, aún más odioso, frente a una pizza crujiente recién horneada.

—Quiero pizza, ma.

—Hoy no, Dante.

Uno más, cuando no pudo sacar a pasear al gato. Y el último *no*, cayó de plomazo sobre sus patines; eso lo partió en dos. «¡No, no!», escuchaba en su cabeza.

—Quizá hice algo malo. Debe ser
mi culpa.

—Sí, es tu culpa —le susurró al
oído el Imaginario—. No eres tan bueno
como para patinar toda la tarde como
quisieras. Ni te mereces esa suculenta
y crujiente pizza, ¿pues quién te crees?
¿Y si lo que deseas es volar cometas por
el cielo? ¡Ja, ja! Olvídalo, siempre habrá
algo mejor que tus ideas tontas.

—¿Cómo lo sabes?

—Yo lo sé: a nadie le importa lo
que tú quieres.

Dante y el Imaginario empezaron
una larga discusión.

—¿Por qué me dices eso?

—Yo sólo repito tus pensamientos:

«Soy un tonto», «Soy malo», «Es mi culpa», bla, bla. ¿O no te cuentas esos cuentos?

—¿Yo? Mmm… ¡No! —dijo Dante asustado.

—¿Acaso no te los repites una y otra vez, una y otra vez y otra?

—¡Pues si no juego con el gato y no puedo comer pizza es porque debo de ser malo!

—¡Así es! Lo que tú decidas ser, eso eres.

—¿Cómo? —dijo Dante sorprendido. —¿Lo que yo decida ser?

Dante entendió las oscuras intenciones del Imaginario y se dio cuenta de que si seguía alimentándolo con sus propios pensamientos, quedaría reducido a puros *noes*: «No puedes, no sabes, no eres, no te lo mereces».

—¿Qué debería significar un *no* a eso que tanto quiero?

Entonces, pensó en todos los *noes* infernales, el no a su juguete, a la pizza crujiente, a su cometa agujereada, al paseo con el gato, a las tardes sin prisa y se sorprendió al darse cuenta de que por estar enojado con los noes, había olvidado que su mochila también estaba ¡llena de *síes*! El Imaginario se desinfló.

¿Qué podría significar un *no* a todos sus deseos? Lo que Dante quiera que signifique.

Un pulpo

Un pulpo inteligente con tacones que recuerda su nombre, dónde vive y quién es Dante. ¿Cómo es que son amigos? Lo son. Dante lo encontró en una canasta de animales marinos donde además estaban un delfín chimuelo, un pelícano zambo y una ballena de sonrisa gigante.

El pulpo es pretensioso, por eso usa tacones.

También es amoroso, ¡tiene tres corazones! con los que espera a Dante, sentado en la ventana, con sus ojos saltones.

Una mariposa

La mariposa de las cuatro vidas: fue huevo, fue larva, fue pupa y pronto será una adulta guapa, con traje nuevo, para ir de boda. Dante la hizo una de sus cosas cuando, dormida, la trajo a casa. La mariposa de las cuatro vidas duerme y sueña. En el silencio sabe del baile prometido y que va a despertar, lo intuye su vestido. ¿Quién la guiará a la fiesta cuando despierte? ¿Sabrá dónde está, quién es y en qué se ha convertido?

Un madero

Los maderos son hijos de una rama,
que cuelga de un árbol, que nace de
la tierra, que antes fue semilla y es
cómplice del tiempo. Cuando Dante
juega con ellos dejan de ser maderos y
son varitas mágicas: ¡el cetro de poder
que cumple sus deseos está envuelto
en su mano! Y entonces, lleva todo: la
rama, el árbol, la tierra, la semilla y el
tiempo.

¿Y el silencio y la tristeza?

—Mamá, ¿cómo salgo de este pensamiento?

—Ve hasta su origen.

—¿A su origen?

—Sí. Ve y atrápalo. Lo único que necesita un pensamiento es que te des cuenta de que está rumiando en tu cabeza. Cuando lo observas, se esfuma. Puedes ir ahí cuantas veces lo necesites.

—¿Hasta cuándo?

—Hasta deshacer ese pensamiento o hasta que te hable de otra manera.

—¿Y si me siento triste? ¿Qué hago con la tristeza?

—Mírala a los ojos. Reconócela.

Si dejas de negarla se va. Si la niegas se te queda dentro.

—¿Y luego?

—La tristeza siempre tiene una historia, deja que te la cuente. Una vez narrada, se irá detrás de los pensamientos.

—¿Por eso la gente llora? ¿Por esa historia? A mí no me gusta llorar.

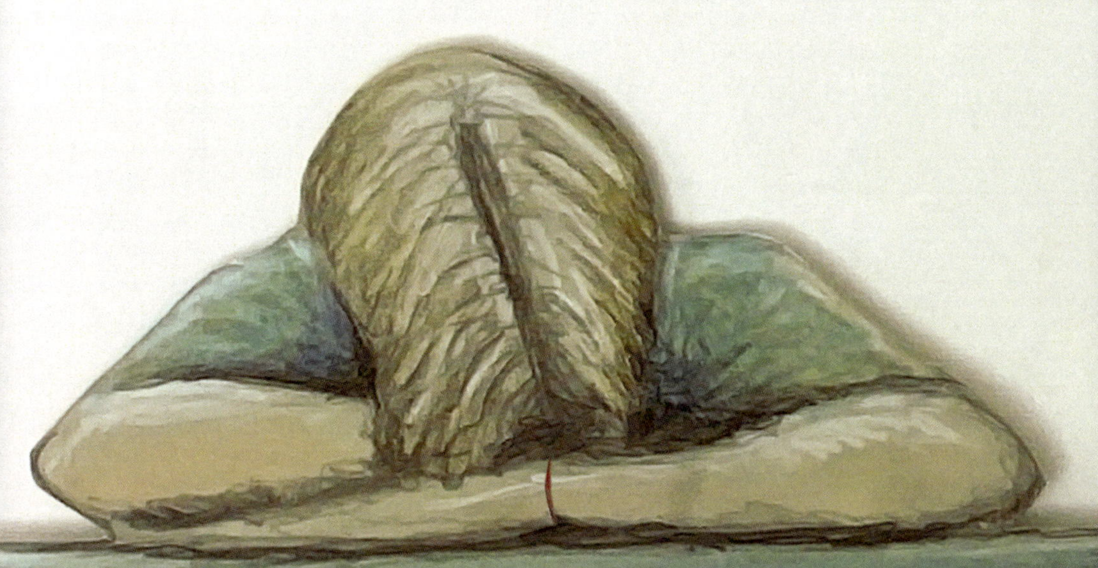

—Cuando alguien llora, sana. Esas lagrimitas que salen de tus ojos son gotitas de tristeza que quieren cambiar de lugar. Quieren salir. Cuando alguien llora, se libera.

—¿De qué se libera?

—De sí mismo. De sus propios pensamientos. De esos que no son útiles.

—¿Y si ya no hay más pensamientos?¿Qué hago con el silencio? ¿Para qué sirve?

—El silencio es una pausa. Las pausas te sirven para volver a empezar una y otra vez. Una y otra vez.

—Sí, pero ¿qué hago con el silencio?

—Nómbralo y un pensamiento útil aparecerá.

—Mamá, sé que hago muchas preguntas. ¿Qué es ser amable?

—Amables nos volvemos cuando amamos. Tú amas y el amor se regresa.

—¿Por eso me dices que soy así?

—Sí. Ésa es tu naturaleza.

—¿Por eso siento amor?

—El amor no es algo que sientes, el amor es eso que eres, haces y habla de ti.

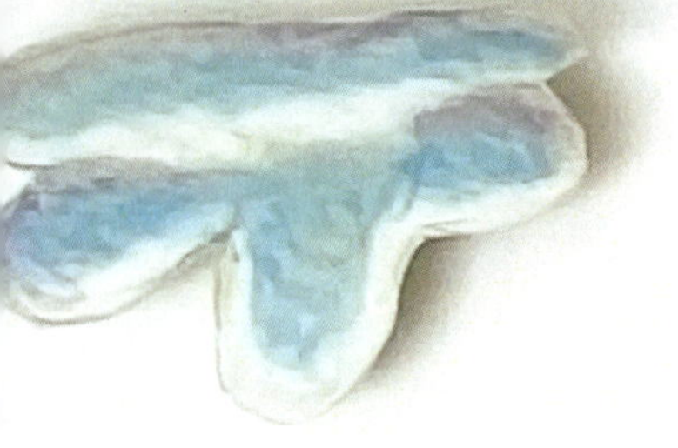

El eterno soñar

La infancia importa. El mundo de los niños importa. Por medio de él, intentan saber si son valiosos o no.   Si sus cosas sorprenden, ellos existen.Los niños encuentran su valor cuando reconocemos su mundo y escuchamos sus historias.

Si lo que pienso, digo y siento, importa, entonces, ¡yo importo!

Soy.

Habitemos su mundo. Hagamos nuestras sus historias. ¡Juguemos a su lado con imaginación! Si la luna se enamora, se enamora. Si cuando llueve, el cielo llora, ¡el cielo llora! Si sus peluches hablan, ¡platiquemos con ellos! Y si hay un pulpo en tacones esperando ansioso en la ventana, pongamos alfombra roja y que pase a cenar. En su mundo es posible, entremos… y que su capacidad creativa nos recuerde a la nuestra.

www.ingramcontent.com/pod-product-compliance
Lightning Source LLC
LaVergne TN
LVRC081025180726
843512LV00010B/756